**Das Buch**

»Laternenlicht fällt auf Sommergras, wie mein Herz dir vor die Füße fiel. Ich wollte dir nah sein, mehr als deine beste Freundin sein, wollte mehr, mehr, mehr. Doch dein Mund, er ist so weit weg. Weg wie eine Unendlichkeit.« Authentisch und berührend schreibt Sophie Bichon in ihrem ersten Gedichtband über das Suchen und Finden, über Liebe, Glück und Hoffnung. Ihre Verse machen Mut und zeigen, dass es nicht nur einen Weg gibt, der zu einem tieferen Verständnis für sich selbst und für andere führt. In ihren Texten feiert sie die Liebe in all ihren Formen und Farben und lässt uns durch ihre einfühlsamen Worte daran teilhaben.

Wunderschöne und zeitgemäße Gedichte, liebevoll illustriert.

**Die Autorin**

Sophie Bichon wurde 1995 in Augsburg geboren. Dort studierte sie Germanistik und Kunstgeschichte, bevor sie sich ganz dem Schreiben widmete. Inzwischen lebt und arbeitet sie direkt auf dem bunten Hamburger Kiez, umgeben von Büchern und ihren geliebten Pflanzen. Sophie Bichon liebt lange Schreibnachmittage in Cafés, durchgetanzte Nächte und Tage, an denen die Sonne scheint. In ihren Büchern schreibt sie nicht nur über die kleinen und großen Momente des Lebens, über Fehler und neue Chancen, sondern auch über die Liebe in all ihren wunderschönen Facetten.

**Die Illustratorin**

Nea Magony wurde 1996 in Augsburg geboren. Sie übte diverse handwerkliche und kreative Berufe aus, bevor sie sich als Künstlerin und Illustratorin selbstständig machte. Am liebsten malt und zeichnet sie im Garten in der Sonne oder in ihrem kleinen Atelier. Inspiration findet sie dabei in der Ästhetik des Alltags, in Menschen und der Natur.

SOPHIE BICHON

# Denn wir sind aus Sternenstaub gemacht

GEDICHTE

WILHELM HEYNE VERLAG
MÜNCHEN

Penguin Random House Verlagsgruppe FSC® C004378

Originalausgabe 09/2022
Copyright © Sophie Bichon
Copyright der Illustrationen © Nea Magony
Copyright © 2022 dieser Ausgabe
by Wilhelm Heyne Verlag, München,
in der Penguin Random House Verlagsgruppe GmbH,
Neumarkter Str. 28, 81673 München
Umschlaggestaltung: Nele Schütz Design,
unter Verwendung einer Illustration von Nea Magony
Satz: Leingärtner, Nabburg
Druck und Bindung: PB Tisk, a.s., Pribram
Printed in Czech Republic
ISBN: 978-3-453-42621-4

www.heyne.de

Für Michi.

Danke für unser Abenteuer,
noch mehr aber für dein Herz.
(S. 54 und S. 102–103)

*Liebe\*r Leser\*in,*

dass du nun meinen ersten Gedichtband in den Händen hältst, ist etwas, das ich mir nie zu träumen gewagt hätte.

Poesie hat mich mein ganzes Leben lang begleitet. Dank ihr habe ich Gefühle verstanden, für die ich sonst keine Worte gehabt hätte. Ich habe geschrieben, wenn ich die Welt nicht fassen konnte und wenn alles Sinn gemacht hat. Mit gebrochenem Herzen und voller Liebe, mit Glück und mit Schmerz, über mich selbst, aber auch über andere. Über meine eigenen, ganz persönlichen Erlebnisse, aber auch über fiktive.

Dass diese Texte irgendwann abgedruckt werden, war so nie geplant. Sie sind eine Reise durch die Jahre meines Seins, manche von ihnen sind neu, manche liegen lange zurück und sind für mich nur noch eine Erinnerung. Sie alle aber kommen aus tiefstem Herzen – genauso wie die wunderschönen Illustrationen, die mein talentierter Lieblingsmensch Nea für *Denn wir sind aus Sternenstaub gemacht* angefertigt hat.

Mit der Person zusammenzuarbeiten, die einen fast ebenso in- und auswendig kennt wie man sich selbst, war eine absolut magische und bereichernde Erfahrung. Wir mussten nicht viel reden, hatten dieselben Vorstellungen und Wünsche für das, was transportiert werden sollte. Manchmal haben wir dasselbe in meinen Texten gesehen, manchmal hat Nea mich aber auch mit ihrer Interpretation überrascht und dabei trotzdem gekonnt ins Schwarze getroffen.

*Neuanfangsleuchten* ist dabei *unser* Text, entstanden in einer warmen Spätsommernacht in ebendem Häuschen, das auf der Illustration zu sehen ist. Alles daran ist für mich einfach nur pure Liebe und macht dieses Büchlein zu einem gemeinsamen Herzensprojekt.

Ich wünsche dir viel Spaß in unserer kleinen, bunten Welt, in unserer Utopie voller Farben, in der jede*r sein kann, wie er*sie*sier möchte.

Du bist wundervoll und wirst gesehen.

*In Liebe,*
*deine Sophie*

## Der Weg und das Ziel

Wir wurden geboren.
Wir sind gekommen, um zu bleiben
– zumindest für die Dauer eines Sternenlebens.
Wir möchten den Himmel nicht nur berühren,
wir wollen ihn wundküssen.
Denn wir halten uns für unsterblich
und sind dabei trotzdem voller Unsicherheiten.
Wir stehen am Anfang und am Ende,
tragen Galaxien in unseren Herzen
und bleiben dabei doch seltsam unbedeutend.
S
 u
  c
   h
    e
     n,
      F
       i
        n
         d
          e
           n,
            S
             e
              i
               n.
      Das ist unsere Reise.

# TEIL EINS

# Das Suchen

**[su-chen]**

VERB

Versuchen, jmdn. oder etwas (durch Nachdenken oder Bemühen) zu finden.

## Kindheit und Lebensjahre

Ich wusste,
früher oder später wirst du enden.
Erst schleichend,
dann von heute auf morgen:
das Im-Moment-Leben,
dieses Nicht-an-die-Zukunft-Denken.

O Baby,
ich wusste,
du wirst enden:
dieses Achtlos-in-Pfützen-Springen
und Keine-Entscheidungen-Treffen.
Das Sorglos-Sein
und Nur-sich-allein-Gehören.

O Baby,
ich wusste,
du wirst enden.
Doch zwischen all der Veränderung und dem,
was da passiert,
sind die Erinnerungen an meine Kindertage
fast noch Realität.

Und
ich frage mich,
o Baby,
*Wer bin ich?*
*Und wer will ich sein?*

## Einsam und zweisam

Manchmal denke ich,
ich wäre allein auf der Welt.
Allein mit meinen Gedanken, die so viel denken.
Allein mit meinen Gefühlen, die so viel fühlen.
Nicht *so* viel, nicht *zu* viel,
sondern so viel mehr.
Aber wenn noch jemand allein ist:
Können wir dann nicht gemeinsam einsam sein?
Gemeinsam statt einsam?
Du und ich zweisam?

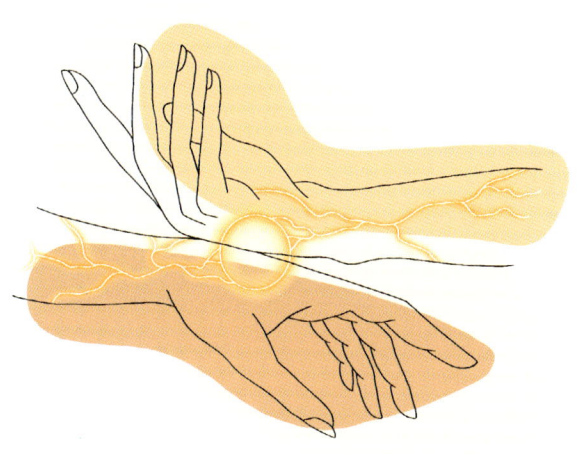

## Muster

Deine Gedanken sind schwarz-weiß.
Zu Worten geformt sind sie
der Zebrastreifen,
der mich zum Innehalten bringt.

## Schattensprung

Die Worte des Mädchens hallen laut
in der Stille nach.
*Tut mir leid,*
antwortet der Junge mit roten Wangen,
*ich mag dich,*
*aber nicht ...* so.

## Küssen mit dem Kopf

Laternenlicht fällt auf Sommergras
wie mein Herz dir vor die Füße fiel.
Ich wollte dir nah sein,
mehr als deine beste Freundin sein,
wollte
mehr,
mehr,
mehr.
Doch dein Mund,
er ist so weit weg.
Weg wie eine Unendlichkeit.

Aber wer braucht schon Mund an Mund,
wenn Reden mit dir
Küssen mit dem Kopf ist?
Reden mit dir
Küssen mit Worten ist?
Reden mit dir
Küssen mit Unbeholfenheit ist?

Unsere Blicke gehen gen Boden.
Gerichtet auf Laternenlicht in warmem Sommergras.
Auf nackte Füße, die sich berühren, sanft und unbemerkt.
Ich will dich immer noch küssen,
und dein Mund,
er ist nicht mehr so weit weg.
Weg wie eine Unendlichkeit.

Und dann küsst du mich,
wie du mich vorher auf tausend Arten geküsst hast –
mit Reden und Worten und Unbeholfenheit.

Dieser Kuss
mit Mund an Mund ist mehr
als Küssen mit dem Kopf:
Er ist ein erstes Mal.
Meines und deines.

## Big Dick Energy

Ihr redet von *richtigen Männern*,
von Stärke
und Kraft
und Maskulinität.
Von Potenz und Macht.
Aber die Wahrheit ist:
Es gibt keine *richtigen Männer*.
Nur Männer,
nur Menschen,
nur Existenzen.
Und ihr dürft schwach sein,
und ihr dürft weinen,
und ihr dürft
einfach
alles
sein.

## Künstlerin in der Dunkelheit

Meine Kopfkinoleinwand ist leer.
Schwarz ohne Nuancen.
Tief,
endlos,
mit doppeltem Boden.

**Du** treibst deine Klauen in mich hinein,
bis sie mir endgültig die Luft zum Atmen nehmen.
Sie gehen unter die Haut und
setzen sich fest und
Erinnerungen frei.
**Du** bist die Angst,
die mich lähmt:
tief,
endlos,
mit doppeltem Boden.

Ich bin gefangen an diesem Ort voller Stille, und
**Du** bist überall.
Ich will ausbrechen, aber
**Du** bist überall.

Ich brauche Pinsel und
mehr Töne, als ich sehen kann.
Ich will den ersten Strich ziehen
auf meiner Kopfkinoleinwand.
Ich bin Künstlerin in der Dunkelheit, und
eines Tages male ich dich weg, und
Schwärze wird Buntsein weichen, und
ich bin
FREI.

## Abschied

Deine Augen schreien:
Vergiss mich nicht!
Sollte es nicht eher heißen:
Vergiss dich nicht?
*Dich* statt *mich*.
*Du* statt *ich*.

Weil es zwischen uns immer so war.

## Zauberspruch

Du sagst:
*Ich bin anders.*
Und ich denke:
*Anders ist nicht falsch,*
*nur eine andere Form von richtig.*

Wenn *er* Bock hat, ist er ein Star.
Wenn *sie* Bock hat, ist sie eine Schlampe.

**– Welt, die stillsteht**

Womöglich ist Liebe nicht der Sinn des Lebens,
aber sie ist immer Grund genug zu bleiben.

**– Sehnsucht und Illusion**

## Wahrheiten

Und dann sehe ich
ihr in die Augen.
Groß, geweitet und tiefblau.
Ein Ozean,
auf dessen Grund ich sinke.
Und ich bleibe
liegen.
Habe vergessen, wie man schwimmt.

Und dann sehe ich
ihr in die Augen.
Groß, geweitet und enttäuscht.
Ein Ozean,
auf dessen Grund ich sinke.
Und ich gehe
diesmal.
Habe vergessen, wie man ehrlich ist.

Und dann sehe ich
*mir* in die Augen.

Und alles bricht.

Ich trinke das Gift meiner Gedanken
und frage mich trotzdem, weshalb mir so übel wird.
Ich schlucke,
schlucke
und schlucke,
weil ich so  u n e n d l i c h  durstig bin.

**– depressiv**

## Beziehungsprobleme 2022

Schlaf schön.
Ich liebe dich 😘

Ich liebe dich auch ❤️ 😘

Ich freue mich auf später ❤️

Ich freue mich auch

Möchtest du heute Abend
hier schlafen? 😊

Muss morgen früh raus.
Sorry.

Alles okay? ❤️❤️❤️

Klar.

Ich habe das Gefühl, irgend-
etwas stimmt nicht 🙁 🙁

Wieso das denn?

Du verhältst dich seltsam.

Ich vermisse dich 🙁

Hast du heute Abend
Zeit?

Weiß nicht.
Du schreibst so komisch.

Alles gut. Bin gerade
nur arbeiten.

Ich glaube, wir sollten das mit uns beenden.

*3 verpasste Anrufe in Abwesenheit.*

## Blumenkind

Sie trägt den Kopf voller Blüten, und
ihr erhobenes Haupt sagt:
*Früher wollte ich die Welt erobern,*
*heute will ich von ihr erobert werden.*
Vor langer Zeit von einem Kometen gefallen,
auf dem ewiger Frühling herrscht,
wandelt sie jetzt zwischen den Sternen,
badet in glühendem Licht,
denn sie tut nur das,
was ihr allein gefällt.

Ich schaue in den Spiegel und weiß:
Sie werde ich eines Tages sein.

## Erwachen

Noch seid ihr ein Königinnenreich hinter Glas,
doch ein Teil von mir begreift:
*Euch mag ich auch.*
Euch und eure Herzen und eure Körper,
die mich auf tausend Arten erregen
– meine Seele und meinen Verstand.

Erst war da nichts,
und jetzt bist da du.
Nicht sichtbar und leicht wie ein Schmetterling,
dessen Flügel im Takt meines Herzens schlagen.
Die Hand liegt auf meinem Bauch, und ich frage mich:
*Will ich dich?*

**– positiv**

Sie sagen: Wenn du liebst, ist alles ein verdammtes Wunder.

– **Infragestellen**

## Gemälde

Wenn meine Gedanken leer sind wie ein Blatt Papier,
bist du der Meister der Pinsel.
Das Problem ist nur:
Ich habe keine Angst vor dem Leben,
ich habe Angst davor, dich zu lieben.

## Zweifel

*Du bist genug.*
*Tausend Mal genug.*

Eines Tages werden wir einander glauben.

## Zirkus

Die Straßen sind voller Löwen und Clowns.
Wir hetzen über Zebrastreifen,
mit dem Blick nach vorn.
Manche schweben über uns.
Sie existieren ohne Sicherheitsnetz und
atmen Freiheit wie Akrobaten die Luft.
Doch **wir** leben hinter Gittern und
folgen unseren Dompteuren.
Unser gezähmtes Ich trägt uns weiter und weiter,
während wir vergessen, wie Wildsein schmeckt.
Wir drehen uns im Kreis der Manege unserer Existenz,
in Wahrheit aber wollen wir hier raus.
Jeder Einzelne von uns wartet nur
auf
seinen perfekten
M
U
T
A
U
S
B
R
U
C
H.

## Gefängnis

Manchmal öffne ich meine Augen,
wenn wir uns küssen,
um zu sehen, ob du dich mir
genauso hingibst wie ich dir.

Manchmal umfasse ich dich fester,
wenn wir nackt und verschwitzt aufeinanderliegen,
um zu spüren, ob du dich
genauso in mir verlierst wie ich in dir.

Doch ganz gleich,
was ich in deinem Gesicht auch erkenne,
es ähnelt
leider
niemals
meinem eigenen Gefühl.

## Märchentraum

*Es liegt nicht an dir, es liegt an mir,*
hast du gesagt.
*Ich will dich, aber*
*ich bin noch nicht so weit.*

Mein Herz hat geschrien.
Nicht wegen deiner Worte, sondern wegen
der Endgültigkeit in deinen Himmelaugen.

Tage später, und ich sitze immer noch da.
Verloren in mir und
in unseren Erinnerungen und
allen letzten Momenten.
Da ist dieses Bild,
das du für mich gemalt hast.
Tausend bunte Farben.
Wir.

Das mit uns war ein Märchen,
magisch und beängstigend schön.
Vielleicht zu schön, um wahr zu sein,
denn jetzt, Tage später, fühlen sich all die Worte und
Küsse
längst vergangen an.
Das mit uns war ein Märchen,
und schon jetzt  flirrt es wie ein Traum
(von Wolken und Himmelaugen).

*Danke, dass du es versucht hast,*
habe ich gesagt.
*Ebenfalls danke, dass du es versucht hast,*
hast du gesagt.
Und dann bist du die Treppe hinunter und
aus dem Haus und
aus meinem Leben gegangen.

Ich rede, obwohl mir das Herz zerbricht.
Und ich schweige, obwohl es so viel zu sagen gibt.

– verpasste Momente

## Verdrängt

Damals verschwammen seine falschen Versprechen
wie Wasserfarben.
So lange,
bis sie aus dem Loch in seinem Herzen flossen.
Zurück
blieb ein bunter

der bei genauem Hinsehen voller Schwärze ist
und bleibt.

## Etymologie (so ähnlich)

Menschschmerz ist
Substantiv, maskulin.
Schmerz, der vom Menschsein kommt.
Das Wissen, nicht perfekt zu sein.
Mehr noch: die Erkenntnis, verletzlich zu sein.
Zart,
vergänglich,
nicht für die Ewigkeit bestimmt.

Menschschmerz ist,
wenn es einen manchmal quält.
Wenn unter Gleichgesinnten sein sich doch einsam anfühlt.

Menschschmerz ist
Erwachsensein und Melancholie.
Wie Weltschmerz, nur konkreter.
Wie man selbst sein, nur emotionaler.

Es ist,
wenn das Existieren Chaos ist.
Wenn aus Menschsein Menschschmerz wird.

# TEIL ZWEI

# Das Finden

**[fin-den]**

VERB

Durch Suchen oder zufällig auf jmdn. oder etwas stoßen.

*Der erste Monat,*
und mit jedem Tag wird die Liebe mehr
– aber auch der Schmerz.
Trauer um deine Existenz, die nie eine sein wird,
und um mich,
die dir und diesem Leben nicht gewachsen ist.

Du bist bei mir.

*Der zweite Monat,*
und es sind Tage und Wochen,
in denen ich alles fühle und nichts.
Mit diesem Geheimnis einsam bin,
wie ich es mir nie hätte vorstellen können.
Es ist Leben hinter Glas und Laufen unter Wasser.

Ich will uns beiden eine zweite Chance geben:
meinem Dasein und deinem Noch-nicht-Leben,
das in mir wächst.

Du bist bei mir.

*Der dritte Monat,*
und da sind Menschen in Weiß, Formulare und
    Verurteilung.
Strafbar. Grauzone. Erniedrigung. Paragrafen.
218 und 219.
Bestimmungen
und kalte Worte für die Wärme in meinem Bauch.

Du bist weg,
und ich weine um uns und das, was hätte sein können.

Du bist weg,
und trotzdem bin ich keine Mörderin,
auch wenn da Tage nach deinem Verschwinden
so
viel
Blut
ist.

Ich möchte gern denken, dass ich die Retterin deiner
    Seele bin,
und dein Sternenherz irgendwann wieder Wärme sein wird
– in meinem Bauch oder dem einer anderen Liebenden.

## Veränderung

Es ist ein Abend wie jeder andere,
mit dem Joint zwischen deinen Lippen
und der halb getrunkenen Flasche.
Ein glühender Funke,
knisterndes Papier,
die Süße des Weins.
Wir sitzen einander gegenüber
und reden über alles und nichts.
Wir existieren.
Wir inhalieren
das Gras und die Nacht und unsere Worte.

Es ist ein Abend wie jeder andere,
mit dem Joint zwischen deinen Lippen
und der halb getrunkenen Flasche.
Ein glühender Funke,
doch dieses Mal kommt er aus mir.
Mein Herz,
und mein Mund,
der deinen berühren will.

Und ich tue es.
Ich falle, ich fliege, ich zerspringe.

Es ist ein Abend wie jeder andere.
Wir waren Freunde, und jetzt sitze ich auf dir
und weiß gar nichts mehr.

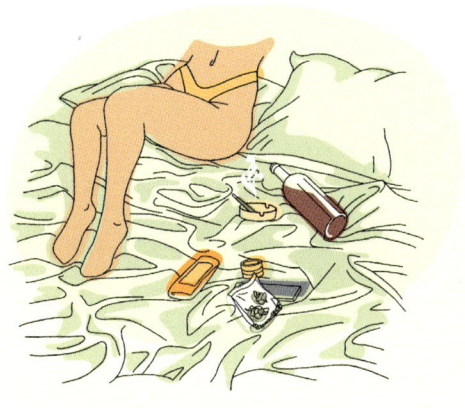

Sprache ist Macht, und
das Fehlen dieser ist Entmächtigung.

– **Viva la Vulva**

Er wollte nicht nur geliebt werden. Er wollte sie lieben.

**– auf der Suche**

## Singe mir, Muse!

Wenn es dunkel ist, malt sie mit Worten,
erschafft neue Welten,
verschiebt Realitäten.
Wenn es dunkel ist, denkt sie in Jahrzehnten und Leben,
den erlebten und den erträumten.
Und wenn der Tag anbricht,
lässt sie nicht mehr
als Poesie zurück.

## Bedauern

Das Problem ist:
Ich weiß ganz genau, was ich will.
Ich weiß ganz genau, dass ich **dich** will.
Aber was bringt es mir, mich selbst zu kennen,
wenn *du* dich nicht kennst?
Du rennst,
du fliehst,
dir ist alles zu viel.

Seelen und Liebe und Seelenliebe
sind mehr als eine Zahl.
Sie sind ein tiefes Wissen,
vor allem aber ein Gefühl.

**– Polyamorie**

Die anderen haben meinen Körper,
aber nur du hast mein Herz.

**– Freiheit**

## Liebesbrief

Hallo Mensch,
du bist so jung und neu in dieser Welt.
Du bist voller Träume,
bist voller Ängste.
Du willst viel und
nimmst dir noch mehr.

Du bist so jung und auch egoistisch.
Du kennst die Verzweiflung,
machst ständig Fehler.
Du verletzt und
nimmst dir noch mehr.

Die Galaxie verflucht dich,
doch sie liebt dich auch
sehr.

Denn egal, was du tust:
Es ist auch immer genug.
Das ist schließlich dein erstes Mal Leben und
damit
dein erster Versuch.

## Vergebung

Und jetzt liegen deine Arme so perfekt um meinen Hals,
wie ihre Endlosbeine sich einst
um deine Hüften schlangen.

## Neuanfangsleuchten

Irgendwo bei den Bäumen
schwebt zwischen Glühwürmchen ein Haus.
Klein,
aus Holz
und Tor zu einer anderen Welt.
Sie sitzt auf dem Boden, inmitten von Kissen,
auf ihr Gesicht scheint wärmendes Licht,
und sie
ist ganz bei sich.
Denn sie weiß,
dass das hier nicht das Ende ist,
sondern erst der Anfang.

## Charmeurin

Scham
ist dieses miese Gefühl von Unwohlsein,
ein Sich-Quälen und
Sich-die-Blöße-Geben.
Scham
ist Wissen um das eigene Versagen,
bedeutet: sich seiner selbst oder anderer zu schämen.

Und trotzdem redet ihr
von *der Scham*,
vom *Schambereich*
und *Schamlippen*.

Und ich frage mich,
wieso ihr so über etwas sprecht, das nur mir gehört?
Wieso ihr meinen Körper derart
mit negativen Dingen behaftet?

Es gibt nichts, wofür ich mich schämen müsste,
denn ihr könnt eure Scham behalten.
Ihr könnt damit machen,
was auch immer ihr wollt,
denn alles, was *ich* besitze,
sind

*C h a r m e* lippen.

## Wachstum

Es dauerte seine Zeit.
Eine harte Zeit,
um zu verstehen,
dass er mein *Ich* nicht verdient hatte.

## Selbstliebe

Deine Hände gleiten tiefer
in dir unbekannte Regionen,
die ich so gut kenne wie alles an mir.
Sich sammelnde Hitze und
dein Bart auf meiner Haut und
deine Zunge zwischen meinen Schenkeln und
deine Küsse dort,
wo ich sie brauche.
Tiefer und tiefer,
bis dein Mund sich durch meine Haut brennt und
zielsicher mein Herz trifft.
Ich bäume mich auf.
Schreie stumm deinen Namen, und
deine Hände werden wieder zu meinen.

*Du*
bist meine Lieblingsfantasie.

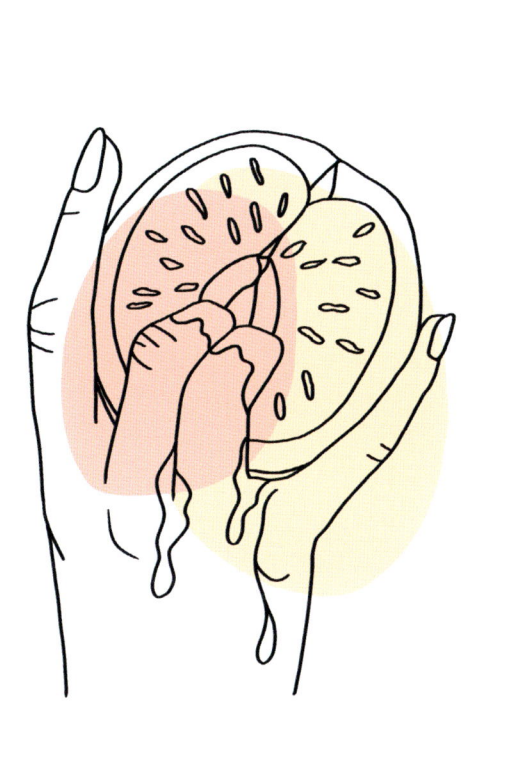

## Sonnensystem

Man sagt:
Frauen kommen von der Venus
und Männer vom Mars.
Aber was ist mit den restlichen Planeten,
mit Sonnen und Sonnensystemen?

Ich sage:
Menschen kommen von der Venus,
und Menschen kommen vom Mars.
Das Universum in allen Herzen
mit einem Funken Magie in der Ferne.
Und keine anderen Sterne,
sondern einfach nur
S
  o
   n
    n
   e
    n
     s
    y
    s
     t
      e
      m
       e.

## Heldenreise

Vor dem Fenster steht dieser mächtige Baum,
und an jedem einzelnen Tag
steht der verlorene Junge darunter
– das Mädchen sieht ihn kaum.
Die Scheibe beschlägt unter ihrem Gesicht,
sie presst sich fester gegen das Fenster,
in dem sich das Licht
in tausend Farben bricht.
Eines Tages tritt der Junge aus dem Schatten hervor,
und das Mädchen lächelt,
ehe
sie ihm das Zeichen gibt.

Du bist die Liebe meines Lebens,
denn Liebe hat viele Gesichter.

**– beste\*r Freund\*in**

Gefühle in Worte zu verpacken, als wären sie ein Geschenk, ist Wachstum, noch mehr aber Heilung.

**– Poesie**

## Damals

Du warst die Erste, und es gab eine Zeit,
da dachte ich, du wärst die Eine.

Damals,
als deine schwarzen Haare mich beim Schlafen
im Gesicht gekitzelt haben.
Als ich mit dir nicht mein erstes Mal hatte,
aber das erste mit einer Frau.
Als dein Keuchen mein Rhythmus war
und dein Lachen meine Melodie.
Als wir beste Freundinnen waren
mit Klamottentauschen und Haareflechten
und gleichzeitig so viel mehr.
Als ich dir das erste Mal gesagt habe:
*Ich liebe dich.*
Und du mich.
Damals
warst du die Erste, und es gab eine Zeit,
da dachte ich, du wärst die Einzige.
Ich habe mich geirrt.

Und trotzdem denke ich an dich.
Viel. Zu viel.
Damals.
Und heute.

## Der Andere

Du leckst dir über die Lippen,
erwischst den Weintropfen in deinem Mundwinkel
    aber nicht.
Er glänzt blutrot,
rinnt dir langsam über das Kinn, und
ich kann
nicht
wegsehen.
Die Welt steht still.
Zwischen den Sekunden beuge ich mich vor und
umfasse dein Gesicht und
küsse dich.

Doch hinter der Süße des Weins
schmecke ich immer noch deinen Verrat.

## Glück und Gold

Genug Liebe und genug Geld. Jemanden, der mich zusammenhält. Weniger ein Scherbenhaufen und mehr Puzzle, das zusammenpasst. Teil für Teil für Teil. Aufgabe, Berufung und Daseinsbestimmung. Einen Sinn und ein Ziel. Optimierung. Liebe, Geld, Liebe, Geld. Jemanden, der mich zusammenhält.

*– Dinge, die ich zum Glücklichsein brauche. Damals.*

Die richtigen Menschen, die richtigen Orte. Poesie im Herzen und ein Glas voll Wein. Leere Straßen im Laternenlicht, wenn der Himmel schwarz ist, und einsame Plätze voller Melodien. Paris, jeden Tag ein bisschen Paris. Verrücktsein und durchtanzte Nächte, ein spontanes Tattoo und ein gut überlegtes. Seine Küsse, ihre Küsse. Alles und nichts und ganz viel dazwischen. Stille zwischen den Sekunden und Musik in deinem Lachen.

*– Dinge, die ich zum Glücklichsein brauche. Heute.*

Mich ganz allein. Und dazu ein bisschen goldenes Glück.

*– Dinge, die ich zum Glücklichsein brauche. Irgendwann.*

Ich wusste nicht, wie es ist, seine Gedanken zu teilen.
Jetzt erkenne ich es, denn
ich nehme nicht mehr auseinander. Ich füge zusammen.

– seelenverwandt

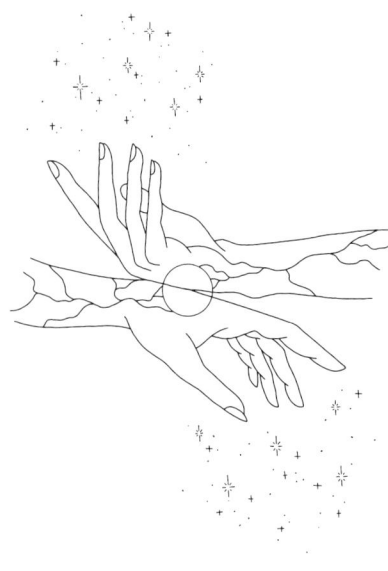

Wenn das Leben ihm diese eine Sache verbietet,
hat er den wichtigsten Grund,
sich genau das zu nehmen.

– **Firlefanz**

## Funken

Ab und zu
stelle ich mir vor,
wie sie innehält und an mich denkt,
wie sie mir ein Lächeln schenkt.
Denke
an dieses Auto mit dem kaputten Dach.
Später Abend, fast schon Nacht.
Denke an dieses erste Mal
und ihren Blick, der sagte:
*Mir ist alles egal.*
Denke an das Rotwerden und  an das Stammeln,
die zitternden Hände und den Versuch,
mich zu sammeln.

Ab und zu
denke ich daran,
wie innerhalb von Sekunden aus Unsicherheit und Angst
ein verdammtes Wunder werden kann.

# TEIL DREI

# Das Sein

**[sein]**

VERB

Sich in einem bestimmten Zustand befinden oder Umständen
ausgesetzt sehen. Existieren.

## Schwimmen

Mondlicht bricht sich
in den Wellen.
Ein Spiegel der Nacht, ein Spiegel des Lichts.
Mondlicht bricht sich
in deinen Augen.
Ein Spiegel von mir, ein Spiegel von uns.
Wie Dessous
trägst du Wellen und Licht.
Und das Meer um uns,
als du mich küsst.
Und ich gehöre dir
wegen Momenten wie diesen.

Ich atme Magie ein und das Leben wieder aus.

**– Schriftsteller\*in sein**

## Eine Geschichte von vielen

Staub tanzt in der Luft
wie die beiden auf dem Teppich mit den Punkten.
Die Füße nackt, die Fingerspitzen aneinander.
Ein Stupsen, ein Tasten, ein Wiegen.
Sie tanzen zusammen und doch jeder für sich.
Fühlen die Gedanken des anderen ebenso
deutlich
wie das Teppichkitzeln an den Zehen.
Schwaches Licht fällt durch schmutzige Fenster und
er
hebt den Blick.
Nichts ist okay
und
trotzdem
wird alles gut.

Zusammen fallen, um zu fliegen.
Frei sein und wild.
Gedanken aus, um bloß zu existieren.
Dein Blick, der meine Seele trifft
und mein Innerstes nach außen kehrt.
Dein Körper wie ein Puzzleteil.
Nicht gesucht,
aber gefunden.
Wie meine Kurven in deine Hände passen
und unsere Körper sich umschließen.

– Liebe machen

## Szenen einer Liebesgeschichte

Irgendwo liegen Philosophen unterm Himmelszelt.
Die Rücken auf weiches Gras gebettet,
die Arme in den Nacken gelegt,
weil der Wunsch, sich zu berühren, so drängend ist.
Das immer selbe Gespräch über Sterne,
die Suche nach Sternbildern und Geschichten.
Geflügelte Worte
kommen dem einen Philosophen über die Lippen.
Sie handeln von der Sicht in den Himmel
und davon, dass der Anblick der Sterne
eigentlich immer Vergangenheit ist.
Man sagt uns,
Philosophen seien Kitsch
und nur Produkt unserer Fantasie,
doch vielleicht bin ich einer von ihnen.
Einer der
Philosophen unterm Himmelszelt.

## Schubladen

Es ist okay, sich zu outen.

Es ist okay, sich nicht zu outen.

Es ist okay, zu sich selbst zu stehen.

Es ist okay, genau davor Angst zu haben.

Es ist okay, sich zu labeln.

Es ist okay, sich nicht zu labeln.

Es ist okay, wenn das Label irgendwann nicht mehr passt.

Es ist okay, wenn ein Label sich ändert und man einfach
    ist, wer man ist.

Es ist okay, innerhalb eines Labels eine Tendenz zu haben.

Es ist okay, wenn Tendenzen sich ändern.

Es ist okay, sich selbst zu ändern.

Es ist okay, queer zu sein.

Es ist okay, einfach nur zu lieben.

Es ist okay, einfach nur zu sein.

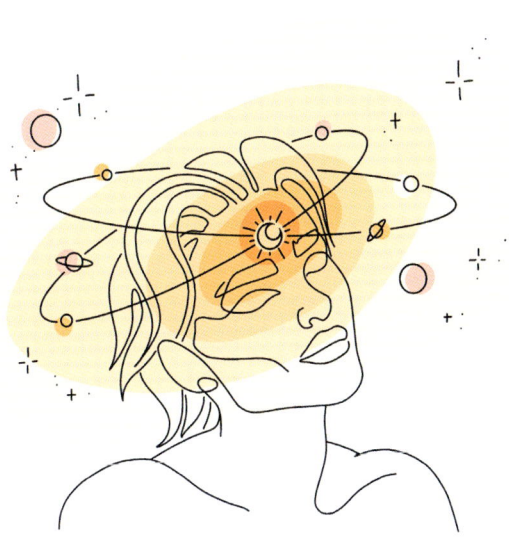

## Glasseele

Mein stärkster Moment
war der, in dem ich beschlossen habe,
dir mein Herz zu öffnen.
Und
nicht nur das.
Es war der Moment,
in dem ich es dir in die Hände gelegt habe.
Du hast es angesehen
mit diesem sanften Blick aus dunklen Augen.
>Eingehend.
>Behutsam.
>Federleicht.
Du hast es angesehen
mit all den Rissen und Narben,
hast MICH gesehen –
all das Kaputte und all das Ganze.
Und ich wusste:
Bei dir bin ich sicher.

Deine Freiheit endet da, wo meine beginnt.

– **Berührungspunkte**

## Vollkommenheit

**Er** macht mich leise.
Er ist der Herr der Schlüssel und
besitzt den, der die Wirbelstürme in meinem Herzen
zum
Stillstand
bringt.

**Sie** macht mich laut.
Sie ist die Frau der Lüfte und
kennt den Salto, der den Chaossturm tief in mir
zum
Tanzen
bringt.

**Ich** mache mich glücklich.
Ich bin das Puzzle, das die beiden nicht
    zusammensetzen, sondern
welches
sie
ergänzen.

Das ist Liebe,
Liebe zu dritt.
**Er.**
**Sie.**
**Ich.**

## Augenblicke unter Bernsteinglas

Und dann höre ich dieses eine Lied,
fühle mich schwerelos und doch
seltsam festgefroren.
Mein Herz springt bei der Erinnerung,
die es mit sich bringt
– von Wildheit und Euphorie.
Und mein Herz weint bei dem Wissen,
dass ich diesen einen Augenblick
nie wieder erleben werde.
Ich wippe mit dem Fuß,
bewege mich kaum merklich im Takt,
während in mir
direkt unter der Oberfläche
ein Sturm tobt,
der Erinnerungsweh und Melancholie
durch meinen Körper treibt.

Die Angst erinnert mich daran, dass ich am Leben sein will. Darin kann ich nichts Schlechtes sehen.

– **Sinn**

Sex mit ihm bedeutet auch immer ein bisschen Sterben.

– **La petite mort**

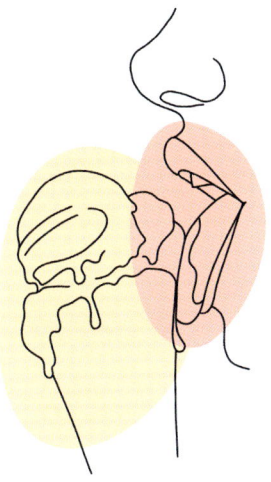

## Geliebt

Dicke Zöpfe fallen der Frau über die Schultern,
als sie sich vorbeugt und
nach der wärmenden Decke greift.
Sie liegen auf dem zerwühlten Bett,
während Stille die vor Minuten geteilte Nähe
mit sich reißt.
Ihre Lippen beben,
als die Geliebte die Narbe berührt
und sagt:
*Für dich*
*habe ich mich dem Schicksal ergeben.*

## Diese unbegreifliche Sache

Liebe ist kein Feuerwerk,
ist nicht Teil von etwas sein oder
kosmische Verschmelzung.
Liebe ist nicht,
an nichts anderes mehr zu denken oder
sein Herz für immer zu verschenken.
Liebe ist nicht das,
von dem alle singen,
ist nicht Rausch, nicht Ekstase,
sondern eher ein
Über-Schatten-Springen.
Liebe ist wie am Limit leben,
sich blind ins Risiko stürzen,
wie ein ständiges Erdbeben.
Ist ein bisschen Schicksal, ein bisschen Glückslotterie.
Liebe ist kein Feuerwerk,
ist nicht Teil von etwas sein oder
kosmische Verschmelzung.

Liebe bedeutet bloß,
radikal
man selbst zu sein.

## Alea iacta est – Der Würfel ist gefallen

Und ich wollte so gern
dein Fürimmer sein.
Und ich wollte so gern,
dass wir beide ein Happy End sind.
Mit einem Ende,
das erst der Anfang ist.
Aber jetzt sind wir nur dieser Cliffhanger,
**weil** ich so gern
dein Fürimmer sein wollte
und dabei mich selbst
ganz vergessen habe.

## Liebe

Mädchen küsst Junge.
Junge küsst Mädchen.
Mädchen küsst Mädchen.
Junge küsst Junge.
Mensch küsst Mensch.

## Er

Du bist schön,
dachte ich immer schon.
Auch wenn ich es vielleicht nicht denken sollte.
Damals, als mein Kopf schon voller Farben war.
Bunt, ungestüm, immer am Explodieren.

Du bist schön,
dachte ich immer schon.
Deine Art zu denken, deine Denkgedanken,
die du oft selbst nicht erklären kannst.
Vielleicht ist es in deinem Kopf manchmal auch so
bunt und laut, immer am Explodieren.

Du bist schön,
dachte ich immer schon.
Dein Mund, dein Lachen, dein Sein.
Wenn ich bei dir bin,
dann macht mein Farbenchaos Sinn –
jede Nuance existiert neben deiner Ruhe und
dem Gefühl des Angekommenseins.

Du bist schön,
dachte ich immer schon.
Damals und jetzt.
Denke,
denke,
denke,
du bist schön.
Dein Körper, dein Gesicht,
vor allem aber dein Herz, das du mir offenlegst
– manchmal ganz zaghaft und manchmal einfach so,
voller Wärme,
ohne dass es dir bewusst zu sein scheint.

Und jetzt sehe ich dich.
Sehe so viel, an manchen Tagen alles,
und denke:
Du bist schön.

Du
bist
schön.

## Reue

Kurz vor meinem Tod
denke ich an dich und
all das, was hätte sein können,
wenn ich nur mutig genug
gewesen wäre.

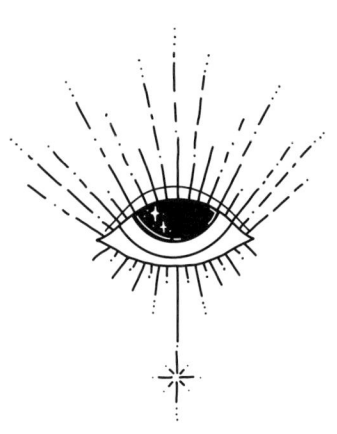

## Sonnenblumen oder: Apollon und Klytia

Es war einmal ein Junge, der war ein Gott.
Ein Gott der Sonne.
Seine Gestalt elegant und in strahlendes Licht getaucht.
Er bewegte sich nahe des Himmels
mit Pfeil und Bogen
in den blassen Händen und
einem verführerischen Zug um den Mund.

Es war einmal ein Mädchen, das war eine Nymphe.
Eine Nymphe des Wassers.
Ihre Gestalt wunderschön und in bewundernde Blicke
    getaucht.
Sie liebte den Jungen nahe des Wahnsinns
mit Wildblumen
zwischen den Fingern und
einem entschlossenen Zug um den Mund.

Sie wollte ihn halten,
also verriet die Nymphe den Gott
und
verlor ihn dadurch für immer.
Denn Götter verzeihen nicht.
Denn sie kennen zweite Chancen nicht.

Das Mädchen weinte und klagte und schrie.
Das Mädchen, es erholte sich nie.
Da war zu viel Liebe und Schmerz,
zu viel Gefühl für ein einzelnes Herz.

So lief es nur noch mit erhobenem Blick.
Den Himmel absuchend,
nach der Sonne verlangend,
sich nach seinem Anblick verzehrend.

Vollkommen nackt ließ die Wassernymphe sich
weit oben auf einem Felsen nieder.
Den Kopf in den Nacken gelegt,
mit den Augen dem Sonnenwagen folgend.

Sie aß nicht,
sie trank nicht,
starrte nur immer gen Himmel.

Es war einmal eine Liebesgeschichte,
deren Ende sollte kein gutes sein.
Von einem Jungen, der ein Gott, und
einem Mädchen, das eine Nymphe war.

Neun Tage vergingen,
neun Tage voller Leid und Sehnsucht im Herzen,
ehe die Nymphe
sich aufopferte.

Es war einmal ein Mädchen,
das sich in eine Sonnenblume verwandelte.
Eine Blume, deren Blüten sich immer nach der Sonne
    richten.

## Schamgefühl

Er malt keine Bilder.
Mit seinen Pinseln
hält er das mit Farben fest,
vor dem wir die Augen verschließen.

## Stolz

Ich glaube,
ich bin ein Regenbogen,
bin eine Reflexion all seiner Farben,
all seiner schimmernden Lichter zwischen Wolken
    und Regen.

Ich dachte,
ich müsste jede Nuance verstehen,
dachte, ich müsste jede Linie im Detail sehen.
Jedes Auf und Ab, jedes sanfte Umschlingen,
jedes noch so kleine Mit-mir-Ringen.

Aber
die Wahrheit ist:
Regenbögen liebt man nicht Farbe für Farbe.
Man liebt sie im Ganzen
– mit allem, was man mag,
und noch mehr mit all dem anderen.

Ich bin ein Regenbogen,
ich bin ein Mensch,
ich bin ich.

## Frauen

Ihr seid mutige Kämpferinnen,
ihr seid Schöpfung, und ihr seid Kraft,
seid cis und seid trans.
Ihr wart nicht immer das, was ihr zu sein bestimmt seid,
aber werdet zu dem, was die Welt braucht:
Teil von Gleichberechtigung.
Ihr seid feministische Utopie und
dabei doch so real und echt.
Ihr seid bewundernswert,
ihr seid Menschen,
und
ihr seid mutige Kämpferinnen.

## Sternenstaub

*Denn wir sind aus Sternenstaub gemacht,*
sagt das Mädchen aus meinen Träumen,
*ein bisschen wie Gold,*
*flüssig und warm.*
*Und um uns die Magie,*
*die uns alle verbindet.*

# Sophie Bichon

**Deutschland in den wilden Siebzigern und bunten Achtzigern: die neue New-Adult-Reihe der SPIEGEL-Bestsellerautorin**

978-3-453-42573-6

978-3-453 42574-3
Juni 2023

978-3-453-42575-0
Dezember 2023

**HEYNE ‹**